7000 *dias*
de liderança

HERBERT RICARDO GARCIA VIANA

7000 dias de liderança

EDITORA
Labrador

Copyright © 2018 de Herbert Ricardo Garcia Viana.
Todos os direitos desta edição reservados à Editora Labrador.

Coordenação editorial *Projeto gráfico, diagramação e capa*
Diana Szylit Maurelio Barbosa | designioseditoriais.com.br

Revisão
Ana Clemente
Bonie Santos

Dados Internacionais de Catalogação na Publicação (CIP)
Andreia de Almeida CRB-8/7889

Viana, Herbert Ricardo Garcia

7000 dias de liderança / Herbert Ricardo Garcia Viana. — São Paulo : Labrador, 2018.
80 p.

Bibliografia
ISBN 978-85-93058-63-9

1. Liderança 2. Líderes 3. Administração 4. Administração de pessoal I. Título

17-1948   CDD 658.4092

Índices para catálogo sistemático:
1. Liderança

Editora Labrador
Diretor editorial: Daniel Pinsky
Rua Dr. José Elias, 520 – Alto da Lapa
05083-030 – São Paulo – SP
Telefone: +55 (11) 3641-7446
Site: http://www.editoralabrador.com.br
E-mail: contato@editoralabrador.com.br

A reprodução de qualquer parte desta obra é ilegal e configura uma apropriação indevida dos direitos intelectuais e patrimoniais do autor.

Apresentação

Em 2016 tomei uma decisão bastante difícil: mudei de carreira profissional aos 43 anos. Deixei vinte anos de vida corporativa para trás, tempo em que atuei em multinacionais como executivo de operações, e abracei a vida acadêmica. Comecei do zero, foi uma reinvenção como profissional e como pessoa.

Esse movimento gerou, entre outras motivações, a vontade de escrever sobre meu tempo dedicado à liderança de equipes – algo que fiz em todos esses anos nas organizações pelas quais passei – e, então, surgiu *7000 dias de liderança*, um livro em que busco compartilhar o que aprendi sobre o complexo universo de liderar pessoas em ambientes produtivos e desafiadores.

Sou um homem simples, e por isso me classifico como um escritor normal. No meu texto, não há a chamada eloquência dos grandes gênios literários. Assim, *7000 dias de liderança* consegue ser um livro bem direto e que reúne assuntos impactantes na vida de um gestor frente aos desafios diários de liderança.

Procuro harmonizar, neste livro, facetas bem técnicas, quando falo de liderança e produção, com aquilo que humaniza o líder, seus sentimentos, o amor à família, a religiosidade. Já escrevi três livros, todos com base técnico-administrativa. Neles, meu foco foi "ensinar" sobre o conteúdo abordado; neste, além de ensinar, tenho como objetivo fazer o leitor refletir, procurando instigá-lo a traçar seu próprio roteiro de liderança ao observar as opções que nos levam à plenitude como profissionais e seres humanos.

Desejo a todos uma boa leitura, um bom aprendizado e, sobretudo, boas reflexões.

Agradecimentos

Agradeço a todos os líderes presentes em minha carreira no mundo corporativo. Com eles, aprendi o que fazer e o que não fazer.

Agradeço a todos os meus liderados. Cada um, em maior ou menor grau, contribuiu para minha construção até aqui. Sem essa turma não teria alcançado minhas metas e não teria edificado uma carreira de sucesso no mundo corporativo. A partir do convívio com eles, tive um excelente tempo de vida. Obrigado, guerreiros.

Dedico este livro ao maior líder de todos, Jesus Cristo. Se todos seguissem seu exemplo e seus ensinamentos sem rodeios e enrolação, o mundo seria fantástico.

SUMÁRIO

CAPÍTULO 1   Liderança e fé 11
CAPÍTULO 2   Pertencimento 15
CAPÍTULO 3   Líderes, chefes e Sméagols 19
CAPÍTULO 4   Você é resiliente ou tenaz? 23
CAPÍTULO 5   Quando a liderança não é
inspiradora 31
CAPÍTULO 6   Que seja infinito enquanto dure 35
CAPÍTULO 7   Só a educação liberta 41
CAPÍTULO 8   Organizações que aprendem 45
CAPÍTULO 9   A voz dos amigos é a voz de Deus 51
CAPÍTULO 10   Tratar desiguais com igualdade
é injusto 59
CAPÍTULO 11   O poder da assertividade 63
CAPÍTULO 12   A difícil arte de escolher 67
CAPÍTULO 13   Por que você está aí? 71
CAPÍTULO 14   "Ainda que eu falasse as línguas
dos homens e dos anjos, e não
tivesse amor, nada seria" 75
REFERÊNCIAS   79

CAPÍTULO 1

Liderança e fé

A competição mundial por mercado e lucro apresenta cada vez mais mudanças, bastante aceleradas. Tanto que empresas líderes de mercado podem desaparecer em apenas uma década caso não estejam saudáveis e competitivas. Esse ambiente demanda, constantemente, novas e melhores formas de gestão para a sobrevivência do negócio.

Liderança é um fator de sucesso para todas as organizações, seja de que tipo for. É grande a necessidade de líderes capazes de engajar, motivar e conduzir pessoas de diferentes perfis em busca de objetivos únicos e, quase sempre, desafiadores.

Sem querer chover no molhado, tornando-me repetitivo em conceitos já extensivamente discutidos no mercado, afirmo que uma organização sem uma liderança inspiradora perde espaço a cada minuto – note que não falo de liderança "forte", mas, sim, inspiradora.

Os conceitos de liderança inspiradora, engajamento, motivação e resiliência, entre outros, fazem parte de um novo vocabulário, presente nos últimos tempos nas organizações.

E por que hoje se busca a materialização de tais conceitos entre os líderes que conduzem negócios e operações no chamado *mundo corporativo*?

A resposta se encontra no primeiro parágrafo deste capítulo: sobrevivência.

Organizações de sucesso são formadas por equipes de alto desempenho, e estas só conseguem se materializar por meio de uma liderança de excelência. Alguns negócios demoram a ter esse tipo de percepção e continuam insistindo em estruturas e atitudes voltadas a perfis de chefia, em que a concentração de poder e a falta de diálogos maduros favorecem a existência de uma atmosfera pressionadora e inibidora de talentos.

Falar, ou melhor, escrever o óbvio, por vezes é chato, mas vamos lá.

O mundo mudou! As pessoas e, consequentemente, os profissionais mudaram, e também os processos produtivos. Hoje, para produzir bem e melhor é preciso extrair o bem e o melhor das pessoas – cada vez mais a palavra *produtividade* se aproxima de *felicidade*.

Ambientes infelizes não são produtivos. Um ou outro setor do mercado pode até ter bons resultados, ainda que nele reine a frustração dos empregados, mas isso não é sustentável.

Despertar o amor de pessoas para com sua empresa, esquentar seus corações, não é tarefa simples: é preciso liderança, e essa liderança precisa ter fé!

Uma canção de Gilberto Gil diz: "Andar com fé eu vou, que a fé não costuma falhar". Todos os homens falham, é da nossa natureza; por isso, um líder necessita abraçar a fé, pois ela não falha – como dito nas liturgias dominicais, ela nos anima.

Em nossa caminhada encontramos de tudo: o bem e o mal, a alma e o metal, aqueles que nos entendem e os que não entendem nada. Há também as sombras, capazes de escurecer um de nossos dias ou até mesmo uma vida inteira. É então que entra a fé: quem tem fé tem a luz da alma e não do metal, tem o bem e não o mal, e assim não há sombra que perdure por mais que alguns instantes.

Todos os dias somos convidados, ou melhor, convocados a escolher entre diferentes caminhos: qual seguir?

Sugiro que você siga o que a fé lhe estimula a fazer. Às vezes, a certeza do acerto é imediata; em outras, demora um pouco para entendermos o objetivo da escolha que a fé nos fez seguir, mas o tempo e a caminhada levam invariavelmente à certeza do acerto da escolha pela fé.

Tremenda heresia acabo de escrever para aqueles que têm uma mente cartesiana e pragmática: seguir a fé? Que loucura é essa? Líderes seguem métricas, tomam decisões com base em números e cenários, e não na sorte.

Pois bem, a fé nesse contexto em que escrevo corresponde à fé nas pessoas, naqueles profissionais competentes que o líder escolheu por suas habilidades e atitudes. Desde que estejam bem e dando o seu melhor, eles estabelecem métricas e cenários para tomadas de decisão acertadas e precisas.

Que me desculpem os ateus, mas em outro contexto mais espiritual a palavra fé é sinônimo de Deus, e a Ele agradeço das vitórias às derrotas que tive. Tudo me fez sentir Sua presença, pois Ele é minha fé.

Não podemos provar quantas vezes a fé em Deus iluminou as decisões de diversos líderes, mas tenho certeza de que cabeças iluminadas para liderança acreditam em algo mais que apenas números.

Certa vez, em uma despedida, escrevi aos amigos e colegas de trabalho que lembrassem os nossos momentos não apenas a partir dos números e dos recordes que obtivemos como equipe, mas também, e talvez com mais paixão, dos sentimentos que vivemos.

Dos meus tempos de estudante, lembro de um poema atribuído a Maiakóvski: "Que os meus ideais sejam tanto mais fortes quanto maiores forem os desafios, mesmo que precise transpor obstáculos aparentemente intransponíveis. Porque metade de mim é feita de sonhos, e a outra metade, de lutas".

Os desafios dos líderes modernos são imensos, e para mim não foi diferente. Posso dizer que, graças à minha fé em um Deus de luz e alegria e ao engajamento e apoio de uma imensidão de pessoas com altíssima competência e talentos, meus ideais foram bastante robustos. Com muita leveza e felicidade, sonhei, lutei e venci, sem ter de recorrer a um pragmatismo exacerbado, por vezes opressivo, em vez de libertador.

CAPÍTULO 2

Pertencimento

Como bom engenheiro que sou, não posso me furtar ao raciocínio de uma lógica pragmática. Imagino que o leitor esteja se perguntando: por onde começar a construir uma liderança de excelência?

Não existe uma receita de bolo de como conduzir um time de alto desempenho, visto estarmos falando de seres humanos, o que impõe uma abordagem altamente dinâmica no desenrolar de uma rotina de trabalho. Podem-se encontrar, por exemplo, equipes muito produtivas com líderes taciturnos – depende do momento e da construção sociológica desses grupos. O cenário econômico também exerce forte influência nesses contextos – em um cenário de crise econômica com altas taxas de desemprego, as pessoas tendem a aumentar a paciência e aguentar mais pressões em troca do posto de trabalho, visto que o desemprego é algo bem pior.

No entanto, líderes, ou melhor, chefes frios e sem brilho não logram invariavelmente êxito em longo prazo à frente de equipes com o grau de exigência dos dias de hoje. É por isso que é preciso apaixonar as pessoas.

Nesse sentido, percebi, ao longo da minha experiência, que havia um fundamento comum para que as equipes tivessem comportamentos de engajamento, motivação e comprometimento. Falo do sentimento de *pertencimento*. A palavra advém do verbo *pertencer*, e vários são seus significados em dicionários de língua portuguesa. Entre eles, realço a crença subjetiva numa origem comum que une distintos indivíduos.

Nos meus dias de liderança e fé, busquei despertar e fortalecer nos integrantes das minhas equipes o sentimento de pertencimento em relação à organização da qual faziam parte e também à comunidade, sua família e seu país.

Não bastava entender sobre o pertencimento para cultivar os comportamentos positivos em uma equipe de alto desempenho. Nassar (2007) observou o seguinte:

> Mais do que nunca, a questão do pertencimento, na sociedade atual, está posta como algo que diferencia e solidifica a relação dos públicos com a organização. Em um mundo que é rapidamente banalizado pela massificação, pela utilização cotidiana, pelo excesso de exposição, uma diferenciação que nasce pela história de uma organização é um atributo que poucos têm.

Percebi a importância da adoção de práticas gerenciais que criassem e reforçassem nos indivíduos o sentimento de pertencimento à trajetória de uma organização, bem como aos seus objetivos. Assim, pude contar com líderes e equipes de alto comprometimento. Em 1982, Mowday, Porter e Steers já afirmavam que o comprometimento organizacional passava por aspectos relacionados ao sentimento de pertencimento, como: (i) forte crença nos objetivos e valores da organização; (ii) disposição para exercer esforços consideráveis em benefício da organização; e (iii) forte desejo de se manter membro da organização.

Desenvolver tais sentimentos nos indivíduos não é tarefa fácil, ainda mais no atual cenário de banalização de valores tão bem caracterizado por Nassar. A descrença das pessoas com relação a tudo aquilo que representa uma sociedade organizada parece crescer exponencialmente a cada geração. Percebe-se o desinteresse por causas e ideais, e a pauta é quase 100% financeira. O ser humano, porém, sempre terá defeitos e enormes virtudes, e mais uma vez é aqui que entra a fé.

A fé move montanhas. Mesmo em um cenário de descrença, como o que testemunhamos atualmente, é possível despertar ideais e compromissos. No íntimo, todo mundo quer ser parte de algo maior que apenas a sua própria individualidade. Somos feitos para viver em comunidade e lutar por objetivos coletivos, apesar de todos os estímulos contrários presentes no século XXI. Esse traço prevalece quando estamos em uma organização acolhedora e motivadora. E quem é a organização para as pessoas? A resposta é simples: o líder.

O líder deve expressar aquilo que deseja extrair da equipe. A máxima bíblica de que colhemos aquilo que plantamos é cabal na relação entre liderados e líderes. Se o líder cultiva confiança, acolhimento e pertencimento, dificilmente colherá outras características de sua equipe. Os liderados observam seus líderes com constância e reproduzem sua conduta; os líderes são indutores para o bem ou para o mal. Por isso, uma liderança que mostre genuinamente aos liderados que eles fazem parte da organização consegue cultivar o sentimento de pertencimento entre seus colaboradores. O líder, portanto, precisa ter um coração genuíno.

Cultivar o sentimento de pertencimento em uma equipe impõe, além dos discursos, a prática daquilo que é falado. A coerência é uma das palavras-chave nesse contexto. As pessoas exigem mais coerência do que dinheiro em suas relações, salvo os verdadeiramente venais, mas a maioria sente-se confortável em um ambiente justo, ou seja, coerente. Não haverá o sentimento de pertencimento em ambientes ambíguos, onde prevalecem dois pesos e duas medidas. A organização necessita manter tal coerência, mostrar, por meio de valores e práticas cotidianas, alinhamento com a trajetória planejada e compartilhada por todos. Devem-se evitar sacrifícios demasiados em determinadas categorias em detrimento de outras. E a organização tem que gostar de gente, tem que cultivar um ambiente de confiança e suporte mútuo. Assim, as pessoas se sentirão pertencentes e terão agilidade para enfrentar os desafios da empresa.

CAPÍTULO 3

Líderes, chefes e Sméagols

Herbert Viana atualizou o status dele.
14 de outubro de 2016 · Natal, Rio Grande do Norte

Como disse Lincoln, "Quase todos os homens são capazes de suportar adversidades, mas se quiser pôr à prova o caráter de um homem, dê-lhe poder."
O poder é revelador, ele revela o traidor, revela o dissimulado. Já vi caras legais se tornarem pessoas vaidosas e embriagadas pelo pouco de autoridade que conseguiram, e ao invés de usar o poder para acolher e fazer coisas bacanas, revelaram seu egoísmo.
O poder é igual o anel de Sauron, ele vai dominando o seu dono, daí o sujeito começa a se agarrar ao mesmo e rapidinho está com aqueles olhos do Smeagol, falando "meu precioso".
Vi e estou vendo muito "Smeagols" por aí, vejo na TV, vejo nas redes sociais, vejo em pessoas que eram próximas, é as vezes muito engraçado observar o esforço destes caras em manter o "anel", kkkk, os caras fazem de tudo, até perder o respeito dos outros, sem saber que o respeito e o amor é tudo, e não precisa de "anel" para tê-los, basta ter "coração genuíno".

👍 Curtir   💬 Comentar

Postagem no meu Facebook em 14 de outubro de 2016.
https://www.facebook.com/herbert.viana.355

Você já viu um Sméagol? Já teve um em sua vida?

Infelizmente, existem muitos nas organizações, e às vezes nos parece que elas são fábricas de Sméagols. Sem querer, práticas gerenciais favorecem o desenvolvimento de perfis de gestores egoístas, que confundem bater metas com bater nas pessoas – o jogo é pesado em alguns casos: já vi diversos faniquitos e até mesmo surtos ao longo da minha carreira.

Os chefes são aqueles gestores donos de um ar taciturno, não gostam muito de gente, suportam as pessoas por terem consciência de que dependem delas. Assim, procuram seguir as rotinas processuais e, quando podem, toleram os encontros lúdicos que toda equipe tem. Os chefes não gostam muito de comemorar resultados e delegam com muita relutância, sempre ativando algum dispositivo de alerta. Gostam muito de triangular informações, de forma a checar se aquilo que recebem é verdadeiro ou falso.

Já os Sméagols são muito malucos. Surfam a onda com a turma, para depois quebrar todo mundo nos corais. Quando o resultado está bom, mil maravilhas, mas na primeira crise revelam que gostam mais do "anel do poder" do que da equipe e põem para ferver, cobrando enlouquecidamente os resultados prometidos. Julgam as pessoas, descartam facilmente pais e mães de famílias com anos de dedicação à organização, sem buscar entender as causas do mau desempenho, do "confuso desempenho", pois os gestores confundem tanto a equipe que a fazem errar e ter queda de rendimento.

Esse tipo de gestor pensa só em si mesmo. Já vi muitas situações em que uma auditoria de *compliance* indicava possíveis fraudes em procedimentos por parte de alguns funcionários, mas, observando melhor e sem medo de ser confundido com o protetor dos malfeitos, percebia-se que não era nada disso – sistemas repletos de erros geravam o estigma de malfeitores em funcionários que não mereciam essa pecha. Um gestor do tipo Sméagol lançava rapidamente os suspeitos aos cães, isentando-se de avaliar com mais profundidade a situação. Pensava entre quatro paredes: "Dá mais trabalho, e é mais arriscado, verificar, pois o pessoal da auditoria pode me achar conivente, e aí perco o meu anel, o meu precioso!".

Os líderes de fé amam mais as pessoas do que seu "anel de poder" e por isso querem entender minuciosamente aquilo que ocorre com a equipe. No exemplo do *compliance*, verificam se não há exageros ou interpretações ambíguas. Certa vez, fui orientado a demitir dois supervisores e um gerente sob o argumento de que eles não observaram corretamente as prestações de contas de seus liderados em viagens a trabalho. Um dos supervisores deveria ser demitido por justa causa, pois recebera em sua conta bancária uma importância fruto de uma prestação maquiada de um de seus liderados.

Quem quisesse averiguar detalhadamente esse caso estaria quase praticando suicídio, pois a convicção dos auditores era muito forte. Mesmo assim, comecei a perguntar, perguntar e perguntar, e ao final descobriu-se que o supervisor que recebera o valor indevido em sua conta abrira um chamado no dia seguinte ao depósito solicitando a devolução do dinheiro. Por sua má sorte, o chamado simplesmente se perdera no sistema, mas o supervisor havia guardado a tela do chamado e seu e-mail de confirmação, e, por esse motivo, se salvou.

Os outros líderes envolvidos no episódio não tinham culpa. Bastava olhar com zelo para os fatos. Tomar decisões racionais em momentos críticos faz parte do traço de líderes de fé.

Esses líderes de fé têm uma resiliência muito aguçada, aguentam pressão sem deformar e sem causar deformações permanentes em sua equipe.

Ops! Comecei a falar de um termo muito usado ultimamente no mundo corporativo: resiliência.

CAPÍTULO 4

Você é resiliente ou tenaz?

Segundo Chiaverini (1995) em seu livro *Tecnologia mecânica*, resiliência é a capacidade que um metal tem de absorver energia quando deformado elasticamente e devolvê-la quando descarregado do esforço que provocou a deformação. Já tenacidade é a capacidade de o material se deformar plasticamente e absorver energia antes da ruptura.

Traduzindo: na região de resiliência, um material recebe tensão e deforma apenas elasticamente – não há deformações dimensionais permanentes no corpo; quando a tensão cessa, ele volta ao normal, como se nada tivesse acontecido.

Já na região da tenacidade, o material se deforma plasticamente, ou seja, de modo permanente. Quando a tensão cessa, ele não volta ao seu estado dimensional anterior, mas assimila algum tipo de deformação permanentemente.

Quando transportamos esses conceitos para o mundo corporativo, dizemos que um profissional resiliente é aquele que recebe tensão (pressão), mas não se deforma plasticamente, mantendo sua forma original quando cessada a pressão – não ultrapassa o "limite de escoamento", o ponto E indicado na Figura 1.

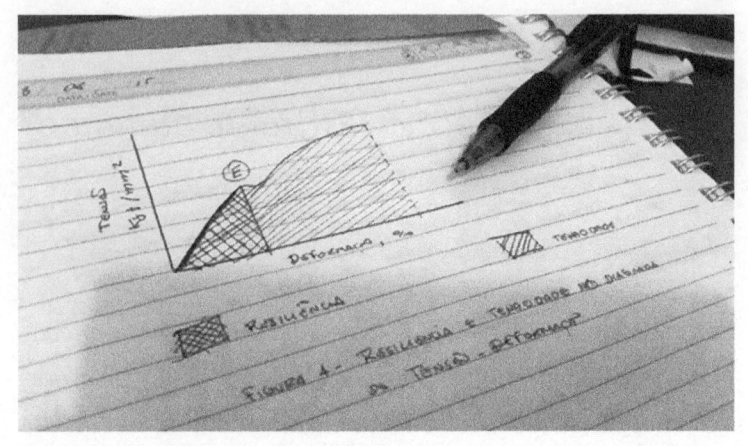

Figura 1. Resiliência e tenacidade.

O limite de escoamento é a fronteira entre a resiliência e a tenacidade, entre a deformação provisória (elástica) e a deformação permanente (plástica). Da mesma forma que os materiais têm seu limite de escoamento, os profissionais também o têm, e cada um deve saber seu limite e avançar ou recuar de acordo com esse conhecimento.

Os profissionais tenazes são muito atraentes para as empresas, suportam muita pressão e avançam, avançam e avançam! Muitas vezes, avançam bem além de seu ponto E e, com disso, deformam-se plasticamente – o que significa mudanças permanentes em sua estrutura, como divórcios, dificuldades de relacionamento com os filhos, uso de drogas etc.

Mas há coisa pior? Sim, há. Note na figura ilustrativa que ao término da região de tenacidade não há nada, apenas um espaço em branco. Isso ocorre pois a tensão e a deformação cessam repentinamente – e, portanto, o gráfico acaba. A tensão e a deformação foram tão acima da tenacidade do material que ele atingiu a sua ruptura – a analogia com a vida humana é direta: ruptura = morte.

Alguns têm limites de escoamento elevados, outros, baixos, do mesmo modo que os limites de ruptura. O importante é que cada profissional saiba quais são os seus e, principalmente, possa utilizá-los com sabedoria durante sua trajetória corporativa, de forma a respeitar uma vida saudável e estruturada. Um profissional sempre pode recomeçar, mas deformações permanentes e rupturas não têm volta.

Líderes de fé são resilientes por ofício: eles precisam ser assim por eles próprios e por suas equipes. Não há lugar em que o trabalho seja fácil; sempre haverá metas desafiadoras a superar, e para tanto é necessária uma equipe de alto desempenho, sendo que só um líder inspirador pode construí-la e mantê-la em um nível de alto engajamento.

Mas como aumentar minha resiliência?

Quem não desejaria ser imune às pressões do trabalho? Esse deve ser o desejo de dez em cada dez líderes no mundo corporativo. A "imunidade" seria análoga a um material ter um ponto de escoamento, o ponto E, tendendo ao infinito.

Dispor de um material que absorvesse toda a energia carregada sobre ele, sem um milímetro de deformação plástica (permanente), é o sonho dos projetistas mecânicos. Poderiam explorar as profundezas dos oceanos, viajar ao centro da terra, circundar de pertinho a nossa estrela-mãe, enfim, todos nós ganharíamos o universo como prêmio.

No mesmo sentido, os líderes com o ponto E tendendo ao infinito seriam máquinas de absorver pressão sem perder o prazer da vida, capazes de superar desafios no trabalho sem a sombra da perda de tempo e de qualidade no convívio com a família e os amigos. A tomada de decisão seria isenta de emoções negativas; tudo seria bacana, por sinal. A pressão iria até diminuir, uma vez que a condução dos negócios por pessoas emocionalmente positivas tende ao sucesso, invariavelmente.

E como posso ter um limite de escoamento tendendo ao infinito?

A resposta não é fácil, pois não existe uma receita mecanicista. Na ciência dos materiais, é possível conseguir com a composição de cristais de dois ou mais elementos químicos ligas com maior resiliência, mas no comportamento humano a receita é altamente customizada: cada homem e cada mulher devem buscar seu caminho de equilíbrio entre a dicotomia tensão-deformação – ou pressão-resiliência, nomenclatura mais usual no mundo corporativo.

Fiz uma varredura em casos de grandes executivos ou líderes políticos que poderiam me apoiar na exemplificação de como lidar com pressões mantendo um campo de resiliência com maior amplitude que o de tenacidade, ou seja, exemplos que possam nos ensinar maneiras de elevar o ponto E.

Encontrei vários casos entre personalidades de conhecimento do grande público, mas me cativou particularmente a história de um homem simples chamado Raimundo (nome fictício). Gosto muito de conversar com as pessoas, sinto-me mais vivo e mais humano em meio aos debates e às histórias. O mundo mecanicista em que vivemos nos impõe cada vez mais frieza nas relações, de modo que terminamos por esquecer que trabalho, estudos, consumo, tudo é um meio para vivermos, e não a essência da vida. A vida em sua plenitude repousa nos sentimentos que o mundo nos desperta.

Achei interessante utilizar um exemplo de uma pessoa comum para falar de resiliência, com o claro objetivo de mostrar que todos podem lidar com pressões e se fazer vencedores. Isso acontece todos os dias com milhões de anônimos espalhados pelo mundo. Um deles, Raimundo, me ensinou uma lição de resiliência que agora compartilho com você, leitor.

Certo dia, a caminho de uma das muitas minas no sudeste do Pará, dei uma carona a um trabalhador, Raimundo. Logo começamos a conversar, e ele me disse que nascera em Matões, no Maranhão, e que viveu com os pais até os 5 anos, junto com duas irmãs mais velhas de 7 e 9 anos. A família era pobre, mas não lhe faltava o básico, até seu pai os abandonar por outra mulher. A mãe não suportou por muito tempo o fardo da criação de três filhos e meses depois fugiu para se dedicar a uma nova relação amorosa, deixando para trás a casa em Matões e os três filhos.

Fiquei espantado quando ele me disse que viveu quase um ano sozinho com as irmãs em total abandono: não frequentavam escola e viviam em busca de comida. Raimundo contou-me que, por muito tempo, a irmã mais velha ajudou uma senhora a alimentar os porcos e como pagamento podia recolher os milhos grossos que sobravam. Com esses grãos, ela fazia uma espécie de massa que matava a fome dos irmãos. Depois de quase um ano de completo desamparo, a notícia sobre a condição dos irmãos chegou à avó materna, que morava em Grajaú, também no Maranhão. Ela ainda demorou um tanto para viajar até Matões para resgatar as crianças, pois não tinha dinheiro de imediato para as passagens. Quando enfim conseguiu a quantia necessária, foi a Matões e levou os irmãos para Grajaú.

A avó conseguiu localizar a mãe de Raimundo, sua filha, trazendo-a à razão, fazendo-a acolher novamente os filhos, mas o convívio não durou muito, pois o novo marido não aceitava as crianças e fez com que a mãe as expulsasse de casa. Raimundo disse em sua simplicidade que nesse momento ele já era mais rapazinho e conseguiu se virar – ele tinha 8 anos. Uma criança de 8 anos em pleno abandono que, em sua inocência, ou melhor, em sua visão de mundo, já era um rapaz.

Esse "rapaz" conseguiu um emprego de faz-tudo com um dono de garagem em Marabá, no sudeste do Pará. No início, sua principal função era lavar os ônibus que esse senhor alugava. Raimundo contou que o patrão o matriculou na escola municipal e, quando ele completou 18 anos, o ajudou a conseguir a carteira de motorista, categoria D. Essa ação se constituiu na grande oportunidade de Raimundo: ele conseguiu emprego em uma empreiteira de obras e terminou ingressando em uma grande mineradora da região como operador de máquinas de mina nos anos 2000. Alcançou a estabilidade financeira e hoje se encontra casado e tem dois filhos.

Ao falar sobre suas conquistas, Raimundo citou a compra de sua casa, um carro e a construção da casa da mãe. Nesse ponto, surpreso, o interpelei: "Você construiu uma casa para sua mãe? A mesma que o abandonou?". Com grande simplicidade, ele me disse que sim. "E você a perdoou?", perguntei. Ele me respondeu sem mágoa nenhuma: "Perdoar? Perdoar por quê? Eu nunca a condenei, sempre a amei, ela é minha mãe". A resposta me emocionou e vi mais uma vez o quanto o homem pode ser grande e virtuoso.

Talvez a inocência de uma criança diante do caos possa ajudar a aumentar a resiliência. O ponto E é elevado em uma pessoa que vê a vida de forma mais simples. Foi esse o antídoto que livrou Raimundo do ponto de ruptura durante sua infância e adolescência. Há muitos méritos nesse homem; um deles, incontestável a meu ver, consiste em não ter guardado uma gota de rancor. Sua história reforça que resiliência e rancor não combinam, pois pessoas rancorosas se estressam demasiadamente. Sem querer cair no lugar-comum, posso afirmar de forma categórica: o perdão aumenta a resiliência.

Aos pragmáticos de plantão, confesso de imediato: não tenho dados científicos para provar o que digo. Apoio essa afirmação na minha intuição, no meu conhecimento tácito e, principalmente, em exemplos como o de Raimundo.

Perdoar faz bem, na vida pessoal e na profissional. Ao transportarmos o perdão para o universo produtivo, ele equivale à análise benfeita de uma falha. Com um direcionamento para correções futuras, uma organização saudável procura erros em processos, e não em pessoas. Claro que o erro humano intencional não pode ser tratado com um perdão descompromissado: as pessoas devem ser responsáveis pelo seu desempenho e ter promoções ou demissões de acordo com ele. Falo de processos que devem ser suaves e maduros, isentos de rancor. As empresas não podem se configurar em calvários. Caso se chegue à ruptura (demissão) de um profissional com a empresa, que o caminho tenha sido feito em bases maduras e assertivas, isento de desgastes desnecessários, como exposições gratuitas de erros, assédios morais, coisas de Sméagols.

Para aquele que perdoa, o exercício é salutar. Resolver problemas olhando para a frente é o melhor método. É preciso ser duro com os problemas, e não com as pessoas. Uma questão técnica em aberto raramente é carregada para a casa de um profissional; já uma questão de relacionamento mal-resolvida faz muitas pessoas perderem o sono, trazendo "deformações plásticas" para sua estrutura íntima.

CAPÍTULO 5

Quando a liderança não é inspiradora

Ao ver nos posts do LinkedIn a Figura 2, tomei emprestado o pensamento de Paulo Freire, adaptando-o para o estudo da gestão: quando a liderança não é inspiradora, o sonho do liderado é ser um dia um chefe opressor.

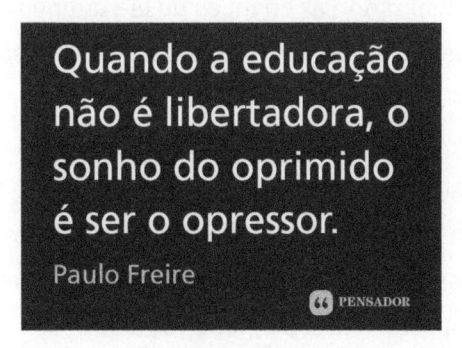

> Quando a educação não é libertadora, o sonho do oprimido é ser o opressor.
> Paulo Freire

Figura 2. Ensinamento de Paulo Freire. Fonte: site Pensador.

A resiliência está associada à capacidade de aguentar pressão, e, quando a pressão vem acompanhada de "opressão", o ambiente ganha uma atmosfera carregada de fatores que levam ao insucesso.

A terceira lei de Newton estabelece que, para toda interação, na forma de força, que um corpo A aplica sobre um corpo B, A recebe de B uma força com a mesma direção e intensidade em sentido oposto.

O mesmo que acontece na mecânica acontece na relação entre líder e liderado. O velho ditado popular "você colhe o que planta" serve para ilustrar que o líder é o responsável pela qualidade e pelo clima de sua equipe.

A equipe não reage estritamente da mesma maneira que o conceito físico newtoniano, mas, sim, dentro da lógica humana, ora refutando, ora copiando e desejando ser o chefe para fazer o que ele faz – ou seja, repetir seu papel.

Nessa repetição de papéis reside a eternização de estilos de liderança: se um liderado tiver a graça de encontrar um gestor inspirador, as chances de ele também inspirar ao longo de sua carreira serão maiores do que se trabalhar com chefes opressores, aqueles com olhos grandes que às vezes falam "meu precioso" quando se referem à sua cadeira na organização.

Um aviso aos chefes que só obtêm resultados recorrendo à pressão: tenham alta resiliência, pois toda pressão que vocês aplicam em sua equipe volta! E pode ser que volte com intensidade maior, daí a importância de cultivar um ambiente inspirador, capaz de anular a tensão em busca de resultados e metas. Faz melhor aquele que faz feliz.

E como tornar uma equipe feliz?

Primeiro, há que se entender que felicidade é um estado temporal, não se eterniza, se conquista a cada momento, torna-se real em sua intangibilidade quando a alegria se faz corpo, e de tal forma que ela logo seja dispensável perante a vivência que se faz espírito.

A alegria que precisa exclusivamente do corpo para existir, por algumas horas, traz uma felicidade rasa, efêmera, limitada à régua do tempo. Aquilo de que o tempo é senhor absoluto dissipa-se como pluma ao vento.

O grande inimigo do ser humano é o tempo, que se torna seu melhor amigo à medida que descortina revelações. Para mim, uma equipe com alto grau de pertencimento aprende a cada instante novos significados da palavra engajamento.

Dito isso, para tornar a equipe feliz, o líder inspirador doa uma parte do seu ser a ela, descobrindo que é possível ter felicidade fora de sua pauta individualista, que às vezes, erroneamente, é batizada de carreira.

Depois de 7 mil dias de liderança pelo Brasil, entendi um pouco mais as palavras de Francisco de Assis: "Fazei que eu procure mais [...] amar que ser amado; pois é dando que se recebe".

Doei e servi bem mais do que mandei! E recebi de minhas equipes muito mais que resultados superados, desafios concretizados, carinho e respeito; recebi *perspectivas*.

Recebi visões sobre o mundo, sobre mim, sobre a rede que embaralha o humano e o espiritual, o corpo e o amor. Tais perspectivas foram pontes para uma plenitude profissional cada vez maior, capaz de me fazer entender conexões passadas e me preparar para um futuro infinitamente mais inspirado.

Um dos problemas que os gestores enfrentam é se confundir com os cargos que temporariamente ocupam. Eles exercem qualquer nível de domínio (poder), mas todos são almas humanas, e a significância de "humano" é bem maior que metas e o conceito de sucesso da atualidade. Isso quer dizer que não devemos tocar as almas humanas com mãos de escuridão e repressão. Como Jung afirmou: "Conheça todas as teorias, domine todas as técnicas, mas ao tocar uma alma humana seja apenas outra alma humana".

CAPÍTULO 6

Que seja infinito enquanto dure

É raro encontrar pessoas que desejem dedicar toda a sua vida laboral a uma única empresa. Pesquisas mostram que esse fenômeno vem se acentuando a cada ano. Em uma delas, realizada pelo Hay Group em 2013, foram analisados mais de 5,5 milhões de colaboradores de 350 empresas em todo o mundo. Os resultados indicaram os principais motivos que levam empregados a trocar de emprego; entre eles, estão a falta de confiança na organização e na liderança.

O tempo da lealdade para com uma empresa passou; hoje, o indivíduo se engaja em uma organização tão somente durante as horas que passa na empresa. Até parece que as organizações do século XXI incentivam seus funcionários a passar somente um período em seus quadros, e não a vida toda, a despeito de ações de reconhecimento. O discurso de que um profissional deve cuidar de sua própria carreira, tão presente no dia a dia dos consultores de RH, traz insegurança aos trabalhadores, não importa em que nível estejam. Assim, uma vez que aprenderam que são os responsáveis por sua própria trajetória profissional, é quase certo que não pensarão em lealdade quando se virem diante de uma proposta de outro empregador.

Portanto, os líderes não devem perseguir lealdade à empresa por parte de seus liderados, no sentido de buscar uma relação eterna entre ambos. É algo que hoje soa contraditório. Deve-se buscar, sim, o engajamento, ou seja, que o amor e o comprometimento dos empregados para com as organizações "seja infinito enquanto dure" (enquanto dure o contrato de trabalho), como disse o poeta Vinicius de Moraes.

Uma das formas de o gestor acentuar o engajamento de seus liderados está em criar espaços nos quais eles exerçam certo grau de protagonismo e autonomia. Percebi que os programas de qualidade, como os Círculos de Controle da Qualidade (CCQs), que busquei incentivar, podem ajudar muito nesse sentido.

O CCQ é um grande incentivo para os colaboradores operacionais. No programa, cada membro é rei e dono de sua área, tendo em suas mãos as condições para realizar melhorias e, principalmente, para se sentir cada vez mais parte da organização, pois se torna agente de transformação em seu ambiente de trabalho e até em sua vida pessoal.

Incentivei a promoção de vários eventos ligados ao CCQ. Fizemos, por exemplo, convenções que lembravam campeonatos entre grupos, e os vitoriosos tinham seus nomes reconhecidos em placas, em um espaço que batizei de "memorial dos vencedores". Depois do descerramento da primeira placa, todos os grupos queriam ter seus nomes inscritos na história da organização – e, mais ainda, na história de seus pares, porque o homem gosta e precisa da eternização.

Fomentei também anuários de CCQ, que consistiam em um livro impresso contendo todos os trabalhos de melhoria implantados naquele ano, com a descrição resumida dos projetos, acompanhada dos nomes e das fotos dos realizadores.

O programa de CCQ virou uma febre em minha área de atuação e rendeu muitos avanços técnicos e ganhos na administração da rotina. A maior conquista, porém, foi um salto espetacular no nível de engajamento dos empregados, de modo que era possível ver nos olhos deles a felicidade de vestir a camisa da organização e cantar o grito de guerra (pois é, criamos um grito de guerra). Tudo isso gerou uma energia positiva, elevou a autoconfiança dos indivíduos e do grupo e serviu como combustível para que todos assumissem riscos e responsabilidades, para além de superar as metas e construir os próprios sonhos.

Nesse clima, o engajamento às vezes se transmuta em lealdade, fazendo-nos voltar no tempo e respirar novamente uma atmosfera de pertencimento mútuo. A empresa, assim, não deixa dúvida alguma de que seu empregado faz parte, é parte, tem parte em seus resultados e sua história.

Outro ponto que me levou em meus dias de liderança a fomentar outra importante ação de engajamento foi a taxa de frequência de acidentes no trabalho. Um dos maiores desafios de um gestor, talvez o maior, é ter uma área 100%

segura, isenta de acidentes com pessoas e equipamentos. Essa não é uma tarefa fácil, porque há vários fatores que influenciam a ocorrência de acidentes, desde as condições das instalações até a formação dos colaboradores e, principalmente, a atitude de cada funcionário frente à prevenção.

Diante do desafio de construir uma área 100% segura, fomentei um projeto chamado Guardiões da Segurança. A ideia era simples: consistia em formar um grupo de empregados de cada gerência operacional coordenado por um general da segurança, escolhido entre eles.

A maioria dos guardiões da segurança deveria ter atitude prevencionista, e um ou dois integrantes deveriam ser profissionais que apresentavam dificuldades em assumir tal comportamento. A intenção era que o vírus do bem contaminasse essa minoria de guardiões, tornando-os novos aliados na batalha por uma área segura.

Os guardiões tinham mandato de apenas um ano e não podiam ser reconduzidos a seus cargos. Cada guardião era uma luz que iluminava, no mínimo, dois metros ao seu redor, e quanto mais pessoas passassem pelo programa, mais luzes haveria, até toda a área estar iluminada. Todos cuidariam de si mesmos e dos colegas de trabalho de forma genuína, pois se defender em grupo dos fatores que levam a acidentes é muito mais eficiente.

Eu fiz questão de que a cerimônia de posse dos guardiões fosse repleta de pompa e significado. Eles eram ovacionados pelos colegas e reconhecidos por gerentes e supervisores, de modo que saíam da cerimônia empoderados e com a certeza de exercerem, a partir de então, o papel de protagonistas na gestão da segurança do trabalho.

Na rotina diária, eles eram identificados por símbolos nas mangas de seus uniformes e/ou adesivos em seus capacetes. Os supervisores e gerentes eram orientados a procurá-los no campo, de forma a interagir com suas rotinas e dar encaminhamento aos itens apontados como inseguros ou falhos.

Nas reuniões de segurança das gerências, o general de segurança fazia parte das discussões e deliberações junto com os supervisores e engenheiros de segurança, conferindo mais um ingrediente ao elixir do engajamento.

A experiência foi muito válida: em cinco anos de programa, mais de quinhentos empregados exerceram a função de guardião da segurança, e as taxas de frequência de acidentes despencaram para valores menores que 0,8% ao ano.

Além de menos acidentes, houve também um aumento do compromisso desse público, que passou da posição de recebedor de informações e instruções para orientador de comportamento prevencionista e de procedimentos de segurança. Foi uma assunção do papel de responsável pelas condições e atitudes que previnem acidentes. Assim, os líderes obtiveram liderados engajados, prontos para aquilo que deveria ser feito e, melhor ainda, orientadores dos demais funcionários. Às vezes, assumiram o papel de padrinhos dos menos experientes, gerando um ambiente colaborativo, propício ao crescimento humano e profissional.

CAPÍTULO 7

Só a educação liberta

Como disse o filósofo grego Epicteto, que foi escravo em Roma, "Só a educação liberta". Ele resumiu em uma frase a máxima que vem sendo comprovada ao longo do tempo: a educação liberta o indivíduo e também as nações. E, por conseguinte, as empresas que nelas operam.

Incontáveis são os casos conhecidos de pessoas oriundas de famílias paupérrimas que, por meio dos estudos, conseguiram galgar um espaço na sociedade, acumulando avanços financeiros e intelectuais. Um exemplo é a trajetória do maior escritor brasileiro, Machado de Assis, filho de um operário, criado no Morro do Livramento no século XIX, que conseguiu pelo empenho de sua madrasta, Maria Inês, acesso a uma escola pública no bairro de São Cristóvão, no Rio de Janeiro. Ao estudar, pôde desenvolver suas habilidades literárias, tornando-se cronista, dramaturgo, poeta, crítico e ensaísta.

Nota-se um traço comum nas histórias de vida dos vitoriosos, ou libertos, pela educação: o esforço individual contra um sistema educacional mais favorável à exclusão do que à inclusão. Nosso maior escritor teve como maior incentivadora uma mulher humilde, que lutou por um espaço em um colégio público, e é assim quase sempre na vida da maioria das pessoas, uma luta!

Diferentemente do que acontece nos países desenvolvidos, no Brasil, a educação parece ser de foro privado e não um interesse do Estado. O sucesso individual, como no exemplo de Machado de Assis, é alicerçado na convergência de variáveis que lembram mais a "sorte" do que o fruto de um plano bem pensado de educação articulada em nível federal, estadual e municipal.

A massa mal preparada é a base dos trabalhadores das organizações brasileiras. Padece o indivíduo, padece a nação e todos os que nela produzem. Os países com déficit educacional são notadamente subdesenvolvidos, enfrentando dificuldades em diversos campos. Tudo se torna um desafio em um país "mal-educado", em que a competitividade, capacidade tão valorizada em um mundo globalizado, é baixa.

A revista *Exame* (2015) publicou um ranking do índice de competitividade do talento global, que mede a qualidade do capital humano, e entre 93 países o Brasil ficou em 49º lugar, atrás de Chile, Coreia do Sul e China. Segundo a revista, parte desse resultado se deve às características da mão de obra brasileira, carente de educação, pouco produtiva e pouco inovadora.

No quesito inovação em pesquisa, o Brasil apresenta dificuldades. Conforme dados do Insead e da Adecco (2015), o país gera poucas patentes de produtos, diferentemente da Coreia do Sul, país bem menor que o Brasil, mas com forte investimento e resultado na educação.

Segundo a Organização para a Cooperação e Desenvolvimento Econômico (OCDE), o Brasil ocupa a 60ª posição no ranking mundial de educação entre 76 países avaliados. No relatório de 2015, a OCDE destaca o alto índice de abandono da sala de aula, que é bastante impactado pela necessidade de a criança trabalhar ou pela dificuldade que tem de acompanhar as aulas.

O fato é que ocupamos um lugar muito aquém de nossas possibilidades. Podemos fazer mais e melhor, dadas as nossas condições financeiras (riquezas/PIB) e talentos humanos (mais de 200 milhões de habitantes). Países com menor PIB e meno talentos estão à nossa frente, a exemplo do Chile (48ª posição) e do Uruguai (55ª).

Quando a educação vai mal, a competitividade do país acompanha esse índice. A Fundação Dom Cabral (FDC), em parceria com o Fórum Econômico Mundial, divulgou em 2015 a 10ª edição do ranking de competitividade envolvendo 140 países, e o Brasil figurou na 75ª colocação. Como referência, os cinco países mais bem colocados foram Suíça, Cingapura, Estados Unidos, Alemanha e Holanda.

Na América Latina, o país mais competitivo no ranking foi o Chile, ocupando a 35ª posição – não é coincidência que os chilenos tenham um dos melhores sistemas educacionais do continente.

Ao observarmos os doze pilares que formam a pesquisa da FDC e do Fórum Econômico Mundial, podemos ver onde se encontram nossas fragilidades: no pilar "educação superior e treinamento", em que ocupamos a 93ª posição. Em outros pilares se repetem algumas das condições presentes no ranking da revista *Exame*, como a inovação, em que o país ocupa o 84º lugar.

A pesquisa da FDC indica que 2,8 milhões de crianças e jovens de 4 a 17 anos estão atualmente fora da escola no país. Quantos Machados de Assis estamos perdendo dentro dessa população imensa? O Estado brasileiro tem, portanto, necessidade de descobrir formas de se tornar uma dona Maria Inês, para que esses jovens possam ser resgatados e, em vez de analfabetos improdutivos, tornem-se cidadãos plenos, capazes de empreender e modernizar o país.

A problemática envolvendo a educação brasileira é complexa, não é fácil de ser resolvida e, embora muitos administradores e educadores de diferentes gerações tentem melhorá-la, os avanços são lentos. Eis por que é importante colocar o tema como prioridade do Brasil, caso queiramos crescer como nação. Devemos cultivar o debate sobre educação com mais intensidade do que fazemos hoje, tanto em nível de políticas públicas, exercendo nosso papel de cidadãos, como em nível familiar, assumindo o papel de bons pais educadores, buscando melhorar a educação e a orientação de nossos filhos, complementando e se articulando com os ensinamentos adquiridos nas escolas.

Os gestores encontram em suas equipes fortes traços oriundos dessa construção educacional do país e não podem simplesmente desconsiderá-la: precisam tratar do assunto, tornando sua empresa, ou ao menos sua gerência, uma organização que aprende.

CAPÍTULO 8

Organizações que aprendem

Em 1993, o escritor David Garvin em seu texto "Building a learning organization" observou que "A organização que aprende é a que dispõe da habilidade para criar e transferir conhecimentos e é capaz de modificar seu comportamento, de modo a refletir os novos conhecimentos e ideias".

No meu entendimento, as "organizações que aprendem" equilibram muito bem o conhecimento tácito de seus membros, articulando-o com o conhecimento explícito, de maneira a construir e usufruir de uma atmosfera de aprendizagem em que os desafios são encarados e superados por uma equipe capacitada, segura e autocrítica (aprendizagem com o erro).

É isso que torna uma "organização que aprende" um caso de sucesso em qualquer cenário socioeconômico, com ou sem crise. Para uma "organização que aprende", aliás, não há crise, apenas grandes oportunidades.

Operadores, mecânicos, eletricistas, engenheiros, líderes – membros de uma organização produtiva – equilibram seus conhecimentos de vida com os conhecimentos explícitos (livros, filmes etc.), de forma a construir um ambiente de transferência de conhecimentos e incentivando, assim, a modificação do comportamento por meio da reflexão sobre erros e novas ideias.

Se uma organização não tiver um ambiente como esse, então terá baixa imunidade social, que na minha opinião consiste na fragilidade de viver em um ambiente desafiador. É como se fosse o organismo de uma pessoa que, de tão fraca, não consegue resistir a uma gripe.

Pense: para vencer um vírus ou qualquer doença, seu corpo precisa de força, de boa imunidade. Da mesma forma, uma organização precisa de força para vencer crises. E um dos remédios é construir uma atmosfera em torno da equipe em que o vírus do desânimo, da indisciplina com as rotinas operacionais, financeiras e também afetivas não sobreviva mais do que alguns segundos. Com isso, sua empresa prevalecerá em qualquer ambiente adverso.

Um líder inspirador cuida das demandas de capacitação de sua equipe de modo a promover as ações corretas conforme os vários níveis de desenvolvimento em seu time. O sucesso de ações de capacitação passa necessariamente pelo entendimento sobre as demandas dos liderados. Vi muitos gestores argumentarem que investiam tempo e dinheiro em treinamentos, mas as pessoas não respondiam; inclusive, vi líderes criticarem alguns integrantes de suas equipes por uma pseudodificuldade de aprendizado devido à origem regional, quando na verdade havia uma inabilidade por parte da gerência.

O erro estava em colocar toda a equipe em um lugar comum. É preciso compreender o nível de desenvolvimento de cada um para que as ações sejam customizadas, pois tratar desiguais com igualdade não resultará em grandes avanços. Daí a necessidade das famosas "matrizes de habilidades", em que existe correlação entre o indivíduo e a capacitação clara e concreta que demanda o cargo.

Duas ações que destaco vivenciadas por mim foram a formação de educadores internos e a certificação por função dos trabalhadores.

Os educadores internos tinham uma excelente experiência em determinada área do conhecimento fabril, como um técnico de automação com grande conhecimento empírico e também explícito. Bem preparado em sua didática, ele pode transmitir relevantes conhecimentos para técnicos em automação menos experientes, tendo como laboratório de aprendizagem a própria empresa. Promove, assim, os chamados "treinamentos *on the job*".

Tal ação é uma excelente alavanca de desenvolvimento individual e coletivo, pois promove o crescimento do educador e dos educandos, remetendo a preceitos da pedagogia do educador Paulo Freire, que considera o homem um ser relacional na sala de aula. Isso quer dizer que professor e aluno passam por uma experiência transformadora, em que o diálogo entre eles gera admiração mútua. E a sala de aula é também um espaço de referência, onde há distanciação e aproximação críticas. Quanto mais o "sujeito da educação" (aluno) pronunciar o seu mundo por intermédio de palavras significantes (experiências práticas), mais facilmente ele vai experimentar as categorias desse mesmo mundo.

Quem nunca se orgulhou ao ver um parente querido recebendo um diploma de ensino superior ou ensino técnico? Esse momento é muito emocionante, pois representa uma vitória sem igual, a vitória que a escola proporcionou.

Para aqueles que largaram os estudos formais precocemente devido à necessidade de trabalhar e, assim, obter rendimentos para sua sobrevivência e de sua família, esse instante jamais aconteceu, e não são poucas as pessoas com tal trajetória.

Descobri centenas delas durante minha carreira, e em minhas prerrogativas busquei promover ações que pudessem capacitá-las e engajá-las. Vi na "certificação na função" um caminho para associar capacitação com vitória nos estudos.

A certificação na função consiste em reconhecer os profissionais em suas atividades dentro da empresa, funções que não são foco de um curso técnico ou superior. A função de operador de britador de minérios, por exemplo, não é ensinada em um curso técnico, mas uma atividade aprendida e desenvolvida em uma empresa mineradora.

Então, a ideia de capacitar e certificar profissionais nessas funções ligadas ao seu cotidiano operacional passa a ser, além de uma ação de formação técnica da equipe, uma ação de engajamento. Percebi esse viés e investi muito na certificação na função, para melhorar o time em sua *expertise* técnica e também proporcionar a conquista dos certificados.

E foi por isso que criamos um momento da entrega dos certificados com festivas colações de grau.

Sempre fiz questão de que esse instante tivesse um formalismo equivalente a uma cerimônia de formatura com a qual tantos estudantes e familiares sonham. O evento de certificação passou a ser um momento de realização, em que pude testemunhar a alegria nos rostos de esposas, pais, mães e filhos de centenas de profissionais maduros, quando era nítida a presença do brio, do orgulho, do sonho realizado.

Os líderes precisam se sensibilizar para além daquilo que conquistam, e não podem achar que chegar ao topo da carreira é chegar ao topo do mundo. Essa pode ser uma felicidade efêmera, muito individualista, para não dizer egoísta.

Garanto que gerar felicidade no maior número de pessoas possível é muito mais inspirador para os líderes. Gerar resultados é gerar sonhos e apoiar as realizações de seus liderados. A certificação na função sintetizou esse espírito, uma vez que proporcionou saltos nas leituras de mundo de pessoas que precisavam de um sopro de ânimo em suas carreiras havia muito tempo. Consequentemente, houve um desdobramento de efeitos positivos, como o retorno ao estudo formal para continuar um caminho interrompido muitas vezes há décadas e reencontrar vocações nas diversas áreas do conhecimento humano. Tudo isso traz um ciclo virtuoso na capacitação desses profissionais, que vivenciam o conceito da educação continuada não por uma imposição da organização, mas por vontade própria.

CAPÍTULO 9

A voz dos amigos é a voz de Deus

Até aqui, fizemos reflexões sobre aspectos que um líder inspirador deve ter em sua trajetória, como cultivar na equipe a ideia do *pertencimento* e da *capacitação*, a habilidade da *resiliência*, investir em ações de *engajamento* com o time e observar a *produtividade* pela lente da *felicidade* da equipe, entre outros pontos de aprendizado ao longo de 7 mil dias de liderança que tentei compartilhar.

Antes de continuar, gostaria de dizer que fui inspirado pelos meus amigos de Facebook sobre o exercício da liderança. Lá, fiz esta pergunta:

Herbert Viana
23 de junho · Recife, Pernambuco

Aos meus amigos de Facebook que são, ou foram, líderes em organizações, estou fazendo uma pesquisa e gostaria que vocês me ajudassem, deixando um comentário em resposta a seguinte pergunta: qual palavra você acha que traduz sinteticamente o exercício da liderança?

👍 Curtir   💬 Comentar   ↗ Comparilhar

Postagem no meu Facebook em 23 de junho de 2016.
https://www.facebook.com/herbert.viana.355

As respostas de quase três centenas de profissionais atuantes no mercado revelaram mais de vinte palavras que sintetizavam o exercício da liderança, mas três vocábulos se destacaram nas repostas: (i) "Servo", (ii) "Exemplo" e (iii) "Confiança".

Procurei entender o que as pessoas buscavam em um "líder servo". A princípio, alguns chefes não admitem servir, pois em sua leitura a servidão é antagônica à liderança, entendimento este que traz muitas dificuldades na condução das equipes.

As pessoas gostam de ser servidas. Quando somos servidos, identificamos em quem nos serve uma abertura para interagir, e aí está a grande vantagem deste tipo de liderança, em que o líder serve o liderado: estabelecer relacionamento sincero e consistente para gerar confiança.

Note: servir não quer dizer promover a "hierarquia reversa", aquela em que um liderado passa para seu líder imediato o trabalho que deveria fazer. Servir quer dizer desempenhar suas funções observando o bem-estar da coletividade que lidera, bem como comunicar claramente os desafios a serem superados e aproveitar cada momento com a equipe para enfatizar os valores da organização, ilustrando-os sempre que possível com situações concretas vividas no ambiente de trabalho.

Refleti sobre como havia "servido" as equipes que liderei, e uma recomendação no LinkedIn me deu um exemplo sobre essa servidão:

Linked in

Aécio Levy
Full Stack Web Developer seeking opportunities
Em 17 de janeiro de 2016, Herbert trabalhava com Aécio no mesmo grupo

Uma regra dada no livro Paixão por Vencer de Jack Welch sobre liderança, descreve bem a atuação de Herbert a frente da Usina: "O líder é incansável em melhorar a equipe, usando todos os encontros como oportunidades para avaliar, treinar e reforçar a autoconfiança". Ao ler essa regra lembro de diversas reuniões onde no seu discurso vinham ensinamentos e histórias elevando nossa autoconfiança, o que servia como combustível para as pessoas assumirem risco, responsabilidade e assim superar os próprios sonhos. Com certeza sua liderança trouxe resultados para a empresa. O que mais me tocou foi sua habilidade de engajar toda a equipe, em um ciclo tão difícil do negócio. "Saudações a quem tem coragem!"

Recomendação Recebida no LinkedIn
Feita por Aécio Levy

A recomendação do engenheiro de automação Aécio Levy, além de me proporcionar muito orgulho, dada a sua competência no trabalho e sinceridade nas relações, me mostrou uma perspectiva de líder servidor que não estava tão clara até então: ensinar e reforçar a autoconfiança.

Ensinar em cada oportunidade é servir; o líder servidor é um líder que ensina, um professor.

Professor, antes de mais nada, é aquele que *professa*, e quem professa é carregado de muita fé e servidão. Essas duas palavras fazem o líder acreditar e trabalhar diuturnamente na construção de uma equipe avançada, dona de uma atmosfera repleta de desenvolvimento, paz e amor. Como o maior de todos os professores nos ensinou: "Um dia, os últimos serão os primeiros". Os professores lutam para que em seu time não haja "últimos" e que todos sejam os "primeiros", que estejam bem preparados para as oportunidades da vida e sejam pessoas com grandes chances de realização plena, uma vez que são bem-educadas por aqueles que nunca perderam a fé e continuaram professando a boa-nova de uma sociedade justa e feliz. O efeito positivo dessas atitudes dará força e ânimo ao líder e seus liderados, e o retorno será uma gestão mais produtiva, mais responsiva e mais real.

Ser exemplo positivo não é fácil, pois construir um nome de respeito, uma reputação, leva anos, e ele pode ser dissipado em segundos. As pessoas, quando seguem líderes exemplares, são mais exigentes sobre a conduta deles; não se espera perfume de "líderes estragados", mas dos "exemplos", sim.

O líder é o principal indutor de comportamento na equipe, porque o que ele faz ecoa positiva ou negativamente nas pessoas em seu entorno. Líderes que lideram pelo exemplo conquistam bons seguidores com seu estilo de "falar" (o que ilustra) e de "exemplificar" (o que mostra). Dessa forma, o desenvolvimento de pessoas ganha uma força fora do comum, gerando inevitavelmente equipes de alto desempenho.

Sempre busquei cultivar um ambiente positivo nas equipes com as quais trabalhei, mostrando que o local de trabalho é um espaço de respeito, onde seus integrantes vivem relações maduras e isentas de preconceitos e, principalmente, de assédio.

Infelizmente, deparei-me com vários casos de chefia que utilizavam seu poder para buscar algum tipo de vantagem sobre os chefiados. Nunca compactuei com esse estilo de conduzir equipes, cheguei até a influenciar diretamente a demissão de supervisores e gerentes que haviam ultrapassado a linha do bom senso e respeito junto aos subordinados. O exemplo mais comum que encontrei foi o assédio sexual de chefes sobre funcionárias. Assim que devidamente comprovado, o único caminho viável era o desligamento do chefe, visto que tal comportamento (exemplo) inviabilizava seu trabalho junto à equipe.

Há um ditado antigo que corre no chão de fábrica que diz: "Onde se ganha o pão, não se come a carne". Usar de sua influência para obter favores sexuais é deplorável, consiste em um dos piores exemplos a serem mostrados a uma equipe. Certa vez, fiz parte de uma investigação de um supervisor que ao longo de dez anos havia assediado diversas mulheres. Quando a equipe se sentiu confortável para compartilhar os casos, fiquei surpreso com a presença de mais de vinte funcionárias em minha sala procurando relatar o que havia acontecido e como haviam sido constrangidas por aquele profissional. Entendi que o exemplo negativo constrange, enquanto o positivo liberta.

Outro exemplo positivo, além de se ter uma postura ética dentro e fora do trabalho que induz adequadamente a equipe, consiste no envolvimento genuíno do líder na resolução dos problemas do cotidiano. Somente mandar não é liderar; é preciso se apropriar dos desafios e encontrar a saída que leva à superação.

Essa postura se materializa com o envolvimento nas discussões e nas formulações dos planos de ação e, principalmente, com GANA, ou seja, Gerenciando Andando Na Área. Um líder que visita seus liderados em seus postos de trabalho vivencia sua dinâmica laboral, amplia sua visão do negócio e proporciona um contato valioso com a equipe, debruçando-se na pauta do dia a dia. Claro que uma visita sem lógica e sem inserção em uma dinâmica sistêmica não trará os mesmos ganhos que uma inserção que tenha um desdobramento articulado com um sistema de gestão.

Ao praticar a servidão e ser o exemplo, o líder impulsiona a equipe a um alto grau de confiança em seu espírito de chefia. Confiança é um atributo de difícil construção: pela natureza humana, os grupos tendem a confiar somente com a observação do comportamento ao longo do tempo.

Aqui vale a velha máxima: "Uma reputação leva anos para ser construída e segundos para ser destruída". São vários os percalços que um líder enfrenta no decorrer de sua carreira, em que a linha que separa a confidencialidade para com a organização e a comunicação genuína de fatos que impactem a equipe é muito tênue. Isso pode provocar uma desconfiança por parte dos comandados no momento em que são surpreendidos por uma informação ou fato não compartilhado pelo líder.

Por isso, sempre busquei me comunicar diretamente com a equipe. Às vezes, dizia que eu não poderia compartilhar certos assuntos naquele momento, devido ao fato de a tomada de decisão ainda estar em andamento ou por força da regra de confidencialidade da organização. Os liderados, desse modo, sabiam a localização clara da fronteira entre as informações possíveis de ser compartilhadas e as que não podiam ser ditas – e evitava-se, assim, qualquer sentimento de traição.

O exemplo e o diálogo são muito importantes no exercício da liderança. Afinal, como confiar em um líder que não conversa com a equipe? Nos meus dias de liderança, eu gostava de promover os chamados "cafés com a equipe", quando reunia cerca de vinte pessoas dos níveis operacionais por uma hora e conversávamos sobre assuntos que impactavam seu cotidiano laboral. Por intermédio desses encontros, eu conseguia entender questões envolvendo causas de desmotivação no campo, reclamações trabalhistas em seu início, problemas com a liderança em nível de supervisão etc.

No esforço de entender o clima da área, o ato de escutar que esses encontros promoviam era importante para mim como gestor e também para meus interlocutores, já que era o momento certo para que eles me perguntassem sobre o futuro da empresa e a estratégia da diretoria e da área em que estavam inseridos, algo que reforçava o sentimento de pertencimento.

CAPÍTULO 10

Tratar desiguais com igualdade é injusto

Existe uma máxima no direito que diz: "Justo é tratar os iguais com igualdade e os desiguais com a desigualdade necessária para promover a justiça entre eles". Por essa lógica, podemos afirmar que tratar desiguais com igualdade é injusto.

No exercício da liderança, vivenciamos situações em que devemos ter abordagens distintas de acordo com o nível dos liderados. Existem distinções, sim, como em todas as situações que envolvem grupos humanos com diferentes índices de maturidade.

Cheguei a ter onze gerentes de segundo nível de gestão sob minha orientação, e cada um tinha uma demanda diferente. Uns eram mais voluntariosos (tenazes), outros tinham maior resiliência, e assim caminhávamos, respeitando as diferenças e tratando desiguais com desigualdade.

Na busca por promover o melhor desenvolvimento em cada um desses líderes, sempre me cercava de um bom processo de avaliação de desempenho e me aproximava dos analistas de recursos humanos que me atendiam, os chamados BPs (*Business Partners*).

O objetivo era construir um Plano de Desenvolvimento Individual (PDI) para cada gerente, o mais pertinente e genuíno possível – digo genuíno porque na busca do desenvolvimento dos liderados não há espaço para falsidade ou ação pró-forma.

Gosto de uma afirmação de Le Boterf (2003) que diz: "A capacidade de inovação não reside prioritariamente no potencial industrial ou nas despesas de pesquisa-desenvolvimento, mas no investimento dos recursos raros que são as competências".

Amplio essa interpretação para o fato de toda a capacidade de uma organização depender das competências de seus membros. O primeiro desafio é identificar quais competências devem fazer parte do portfólio de seus liderados ante as demandas que surgirem. Não é fácil para o líder dar esse primeiro passo, pois existem diversas abordagens que estudam os fatores formadores de competências. A maioria das abordagens considera as competências como um conjunto de conhecimentos (saber), habilidades (saber--fazer) e atitudes (saber ser-agir) (Ruas, Fleury e Durand, em Brandão e Guimarães, 2002).

Após sua identificação, apresenta-se outro enorme desafio: desenvolvê-las. Lembremos que "tratar desiguais com igualdade é injusto"; logo, o processo de desenvolvimento passa necessariamente por um caráter individual. Mas, como o indivíduo está inserido em um grupo, e esse indivíduo e esse grupo estão inseridos em um contexto organizacional, temos um processo que segue o ciclo indivíduo-grupo-organização. O ciclo também pode seguir um caminho diferente: organização-grupo-indivíduo, que significa desenvolver competências em seus liderados a partir de um processo multifacetado e em vários níveis. Todavia, de um modo ou de outro, o processo sempre dependerá de uma ação concomitantemente individual e coletiva.

Articular esse ciclo indivíduo-grupo-organização passa pela produção de uma atmosfera de aprendizagem contínua. Lembra-se das organizações que aprendem? Pois bem, cultivar tal ambiente não impacta apenas no nível de capacitação das equipes, mas também harmoniza um ambiente repleto de diversos interesses e motivações, ajudando a canalizar toda essa energia em direção aos objetivos estratégicos das organizações.

Às vezes, criamos um ambiente harmonizado e com grande nível de aprendizagem, mas percebemos que alguns indivíduos continuam a destoar. Muitas podem ser as causas dessas incoerências, e acredito que uma das mais importantes repouse na palavra *atitude*, atributo eminentemente individual. O liderado "quer" tê-la ou não. Como apontado por Durand (2000), as atitudes são estados complexos do ser humano que afetam o seu comportamento em relação às pessoas e aos eventos, determinando o curso da ação pessoal.

Se essa motivação não estiver presente nos liderados, tudo se torna mais difícil. Muita gente acha que, por ser um atributo pessoal, não podemos fazer nada em relação a esse assunto. No entanto, podemos, sim – e muito. Incentivar o sentimento de pertencimento é um exemplo, porque gera mudanças de uma atitude de desdém para uma de alta motivação e engajamento.

CAPÍTULO 11

O poder da assertividade

O termo *assertivo* deriva do verbo latino *assertus*, que significa "declarar". Agir com assertividade nada mais é do que ser autêntico e ter segurança, sem medo de demonstrar opiniões, comunicando-se de forma objetiva, transparente e honesta, com maturidade e autoestima, e sem ofender ou se submeter aos outros (Hilsdorf, 2013).

Gillen (2001) traz uma classificação interessante quanto ao estilo de comunicação entre as pessoas:

(i) Passivo – evita ao máximo o confronto, mesmo que às custas de si próprio. Pessoas com esse estilo esperam que os outros compreendam o que elas desejam. Um traço característico desse perfil é a preocupação exacerbada com a opinião dos outros a seu respeito.

(ii) Agressivo – demonstra ansiedade por vencer, mesmo que às custas dos outros. É notadamente mais preocupado com seus próprios desejos do que com os dos outros.

(iii) Passivo agressivo – consiste em um perfil híbrido, apresenta um pouco de passividade e agressividade. É ansioso por acertar contas sem correr riscos de confronto. Esse comportamento é frequentemente encontrado em pessoas que querem se afirmar sem ter poder para tanto.

(iv) Assertivo – defende seus direitos, mas, ao mesmo tempo, é capaz de aceitar que os outros também tenham os seus.

E você? Como se enquadra na classificação de Gillen? Acredito ser a assertividade o melhor dos caminhos para a comunicação entre líderes e liderados. A assertividade é capaz de melhorar e otimizar os diálogos e, assim, promover o desenvolvimento do processo indivíduo-grupo-organização.

Certa vez, ao assumir uma nova posição gerencial, dediquei minha primeira semana a conversar com os gerentes diretamente ligados a mim. Em uma dessas conversas, meu liderado começou a reclamar de uma série de recursos que lhe faltava para, segundo ele, ser capaz de alcançar suas metas. Percebi que a resolução estava ao alcance dele, então pedi um instante, peguei um papel e caneta e comecei a anotar aquilo que lhe faltava. O gerente se empolgou, animado com a perspectiva de transferência de suas responsabilidades para seu líder, e continuou a listar seus problemas. Pedi para ele indicar as datas de suas necessidades e listei mais de trinta ações. Ao final, indaguei se faltava algo. O gerente pensou e acrescentou mais duas ou três ações à lista. Levantei, fiz uma cópia dela e lhe entreguei, dizendo que estava ali seu plano de ação e que eu iria cobrar a execução nas datas acordadas. Ele espantou-se e afirmou que era para eu fazer aquelas tarefas. Fui assertivo e mostrei que cada ação solicitada estava em sua esfera de atuação, e que a organização esperava isso de um gerente. Como líder, eu já o havia ajudado ao organizar uma lista com datas. Todas as ações iriam alavancar seu resultado, e eu continuaria a apoiá-lo, acompanhando a evolução da resolução daqueles problemas e caso a solução de uma medida específica ultrapassasse sua esfera de poder.

Ser assertivo também é fugir de armadilhas emocionais quando nos deixamos dominar pela ira, pela ansiedade ou por outra emoção que nos faça agredir em vez de convergir, nos distanciando de uma comunicação respeitosa, capaz de construir relações harmoniosas e produtivas no ambiente de trabalho.

Aqui, há uma pequenina lista com dicas para cultivar uma atmosfera assertiva e respeitosa em sua equipe: (i) permitir que seus liderados expressem sua opinião até o fim da fala; (ii) evitar ser sarcástico; (iii) diminuir as brincadeiras que, em excesso, tornam o ambiente um festival de *bullying*; (iv) sempre olhar nos olhos das pessoas; (v) assumir seu papel e sua responsabilidade no cotidiano, porque não é verdade que o líder só manda e o liderado obedece: muitas vezes a relação é de orientação. Ao final, teremos muito menos dificuldades na rotina, pois, como Talarico (2014) afirma, 80% dos problemas corporativos são provenientes de falhas na comunicação.

Essas possíveis falhas podem impactar o desempenho das organizações e até mesmo a qualidade de vida dos empregados, consumindo tempo e energia (física, mental e psicológica) desnecessariamente e, assim, causando prejuízo nas partes produtivas e financeiras (Aranda, 2016).

CAPÍTULO 12

A difícil arte de escolher

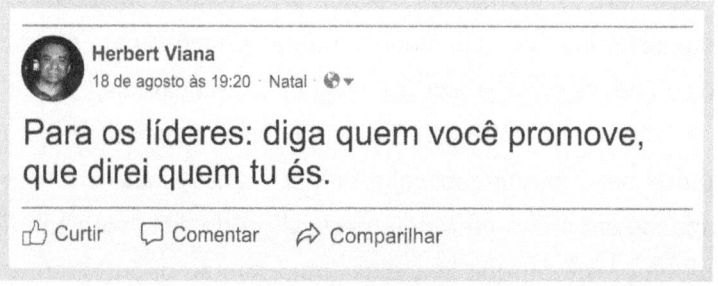

> **Herbert Viana**
> 18 de agosto às 19:20 · Natal
>
> **Para os líderes: diga quem você promove, que direi quem tu és.**
>
> 👍 Curtir   💬 Comentar   ↪ Comparilhar

Postagem no meu Facebook em 18 de agosto de 2016.
https://www.facebook.com/herbert.viana.355

"Diga quem promoves que direi quem tu és" tem por base uma máxima do cristianismo que reflete muito sobre o exercício da liderança, principalmente sobre a escolha das pessoas.

O processo de escolha dos líderes é influenciado por diversos fatores: (i) a preferência particular do líder, o velho "gosto pessoal"; (ii) o alinhamento político com um grupo dominante na organização; (iii) o currículo do escolhido e os resultados de seu trabalho; (iv) o QI, "Quem Indica", que revela uma troca de favores entre líderes na organização.

Uma série de elementos está envolvida nos processos de escolha de um profissional, mas, no fim, qual líder já não ouviu: "a vaga é sua, você escolhe a sua equipe"?

E você? Já decidiu se quer gerenciar pessoas ou gerenciar com pessoas?

A diferença entre gerenciar pessoas e gerenciar com pessoas é muito bem descrita por Chiavenato (2004) quando afirma que no primeiro caso as pessoas são o objeto da gerência, guiadas e controladas para alcançar determinados objetivos, enquanto no segundo caso são o sujeito ativo da gerência, guiando e controlando suas ações para atingir os objetivos da organização e os objetivos pessoais.

Particularmente, prefiro gerenciar com pessoas. Para tanto, não é recomendável escolher profissionais com base apenas em sua preferência pessoal ou de sua "panelinha" na empresa, porque "panelas" quebram se os integrantes não apresentarem bons resultados.

Li em Lacombe (2005) uma afirmação bastante interessante: "As pessoas são os únicos elementos diferenciados de uma organização. Pessoas excepcionais podem fazer funcionar bem uma organização precária. Pessoas desmotivadas ou incompetentes podem anular a mais perfeita organização".

Então, sempre busque pessoas excepcionais e saiba que profissionais com esse tipo de perfil são autênticos e independentes, pouco dispostos a jogos internos de poder. O foco está em concretizar feitos, em deixar seu legado nas organizações e nos corações daqueles que caminharam ao seu lado.

Líderes que devem conduzir tais perfis precisam ter repertório, se fazer respeitar, e não temer, porque, assim, é possível edificar equipes de alta performance e obter os mais impossíveis resultados, gerando organizações vitoriosas em seu DNA.

Organizações vitoriosas no DNA são aquelas com um toque de Midas: onde tocam, os resultados acontecem. E são sustentáveis, uma vez que têm times de alta competência e bem liderados.

Na hora da escolha, seja por intermédio de uma promoção ou uma contratação, deve-se estudar o perfil dos candidatos à vaga e também o contexto no qual o escolhido estará inserido, como a sua futura equipe – é importante observar o momento em que ela se encontra e quais seriam as qualidades profissionais que melhor caberiam para dirigi-la.

É difícil indicar uma receita; cada caso é um caso, não há como definir uma tabela que relacione o perfil de um candidato e as necessidades da vaga. O processo de escolha em dado momento da seleção se torna subjetivo, e não estou falando das fases de análise de currículos, que são mais objetivas – se a vaga requer um profissional com inglês fluente, por exemplo, aquele que não o tiver não avançará para as etapas seguintes. Falo daquele momento em que o líder se vê diante de dois ou três candidatos empatados nos quesitos objetivos. Quem já não passou por isso?

Em meus dias de liderança, adotei uma tática com o tempo: perguntava sobre as áreas pelas quais o candidato havia passado e liderado e observava o quanto ele falava sobre processos e sobre pessoas. Me encantava com aquele que equilibrava os dois pilares, com o candidato que relatava, por exemplo, a superação de desafios por intermédio da organização de processos, criando um ambiente sustentável. Para tanto, ele precisou engajar e motivar seus liderados, orientando-os nesses trabalhos e gerando neles o senso de pertencimento e envolvimento com aquilo que estava sendo criado.

Crie seu método, mas lembre sempre que você terá aquilo que valoriza. Como na máxima cristã aludida no início deste capítulo, você terá ao seu lado pessoas que refletem o que você é.

CAPÍTULO 13

Por que você está aí?

O grande estudioso das organizações Simon Sinek apresentou em seu conceito de "círculo dourado" (Figura 3) reflexões que me fizeram, e a tantos outros, rever propósitos na vida profissional.

Figura 3. Adaptação do círculo dourado de Simon Sinek.

Segundo Sinek (2015), 100% das pessoas que estão em uma organização sabem *o que* fazer nela, todos têm noção de suas tarefas diárias, e a grande maioria tem domínio sobre as técnicas que levam à perfeita concretização de seu trabalho diário. Trata-se da dimensão do círculo dourado mais fácil de ser alcançada, dado o seu mecanicismo intenso.

Mas, de acordo com Sinek, poucos sabem *como* fazer. Nem sempre o método está tão claro quanto a técnica. Daí os esforços das organizações em padronizar o máximo de atividades, o que retrata a luta para tornar perene o seu jeito de ser, a sua forma de fazer, aquilo que é expresso em um sistema de gestão.

Segundo Martins e Laugeni (2002), todas as atividades desenvolvidas por uma empresa visando atender seus objetivos em curto, médio e longo prazos se inter-relacionam, na maioria das vezes de forma complexa. Diante disso, como tais atividades transformam insumos e matérias-primas em produtos acabados e/ou serviços, que demandam recursos das mais variadas dimensões (pessoas, sistemas informatizados, técnicas etc.), surge a necessidade de um sistema gerencial capaz de articular tais insumos, matérias-primas e recursos de maneira eficaz, transformando a complexidade das relações em atividades de rotina que sigam um método eficaz de gestão.

Nesse sentido, a implantação de um modelo de gestão, seja de manutenção de ativos ou operação de uma planta, tem por objetivo o gerenciamento dos recursos organizacionais de forma eficiente, assumindo papel fundamental para a empresa, independentemente de seu porte.

Um sistema de gestão consiste em um conjunto de práticas padronizadas, logicamente inter-relacionadas, com a finalidade de gerir uma organização e produzir resultados. O sistema de gestão costuma ser um emaranhado de práticas gerenciais que interagem entre si, produzindo resultados ou não (FNQ, 2014).

O *como* do círculo dourado não é fácil de construir, e muitas organizações, ao não perceberem isso, continuam a manter seus resultados com base na técnica. No *o que*, conforme o negócio cresce, as crises se avolumam, até que a empresa entenda a importância do método.

Sinek traz uma reflexão mais forte ainda quando afirma que raros são os casos em que as pessoas nas organizações sabem *por que* estão ali. Pouquíssimas respondem tal pergunta, a maioria faz por fazer, talvez fruto da fuga do encontro com nossas verdades, como bem escreve Pascal Mercier no livro *Trem noturno para Lisboa*:

> Será basicamente uma questão de autoimagem a ideia que criamos para nós mesmos do que é preciso realizar e vivenciar, pra que possamos aprovar a vida que vivemos?
> Se for o caso, pode se descrever o medo da morte como o medo de não ser capaz de ser quem planejamos ser.
> Se cair sobre nós a certeza de que esta plenitude nunca será atingida, subitamente não saberemos mais viver o tempo que já não pode fazer parte de toda uma vida.

Acredito que alguns não respondem "por que" estão onde estão com medo de cair sobre eles a certeza de que a plenitude nunca será atingida no lugar em que se encontram e fazendo o que fazem. Quando se dão conta disso, ou mudam, ou não saberão mais viver o tempo que já não pode fazer parte de toda uma vida.

A grande maioria não responde *por quê* devido a uma liderança que não inspira a ver algo mais que metas e métodos. Ao perceber isso, notei uma relação entre o círculo dourado de Sinek e os conceitos ensinados pelo professor Vicente Falconi em seu livro *O verdadeiro poder*. Falconi indica os três pilares para que uma organização alcance um excelente desempenho: (i) domínio da "técnica"; (ii) existência de um "método"; e (iii) uma "liderança" que inspira e faz acontecer.

Note as correspondências e coerências entre os ensinamentos de dois grandes professores: o *o quê* de Sinek pode ser entendido como o domínio da "técnica" aludido por Falconi, e o *como* fazer encontra correspondência no "método" tão presente nas obras falconianas. Por fim, quando se fala da consciência dos membros de uma organização sobre "*por que*" estão ali, há um desafio para a "liderança" inspiradora, que pode transmitir aos seus liderados um valor no trabalho para além do exercício da técnica (*o quê*) e do seguimento de um método (*como*).

Tanto Falconi como Sinek concordam que a ausência de uma liderança capaz de despertar pensamentos e atitudes motivadoras e engajadoras faz com que as empresas não tenham um futuro. Como também acredito nisso, sempre busquei junto às minhas equipes a associação do cotidiano operacional com algo maior, como o progresso de um país, de uma região, a melhoria das condições de trabalho e sociais das famílias, a preservação do meio ambiente. É preciso mostrar que a plenitude como ser humano pode ser atingida trabalhando onde você trabalha, e, com isso, você pode deixar um legado, uma boa história a ser contada sobre si mesmo. Desse modo, nos eternizamos da melhor maneira possível para um ser temporal em sua essência.

Esteja onde estiver, inspire a pessoa ao seu lado, vá além da técnica e do método, descubra por que você está aí. Ao perceber valor e propósito nisso, regozije-se e faça com que os outros também se alegrem. Você estará indo além do trabalho, e o sucesso será somente uma questão de tempo.

CAPÍTULO 14

"Ainda que eu falasse as línguas dos homens e dos anjos, e não tivesse amor, nada seria"

A primeira epístola aos Coríntios de São Paulo configura-se em uma aula para os líderes da atualidade:

> Ainda que eu falasse as línguas dos homens e dos anjos, e não tivesse amor, seria como o metal que soa ou como o sino que tine. E ainda que tivesse o dom da profecia, e conhecesse todos os mistérios e toda a ciência, e ainda que tivesse toda a fé, de maneira tal que transportasse os montes, e não tivesse amor, nada seria.

Não se iluda, meu caro líder, é muito importante ter um curso superior, um MBA, dominar línguas estrangeiras, conhecer os fundamentos das operações e negociações de uma organização, mas sem o *amor* você não será nada, pois não encantará.

Os tempos de uma liderança taciturna e pragmática ao extremo não existem mais. Hoje, *produtividade* é sinônimo de *felicidade*, e um gestor sem amor não gera felicidade. Logo, é improdutivo em seu DNA.

Note que o amor necessário a um gestor não se confunde com o sentimento paternalista. Não é esse o conceito. O *amor* envolvido no exercício da liderança passa por justiça, honestidade e, acima de tudo, por saber ouvir e se colocar no lugar do outro.

A escuta e a empatia são grandes vetores para um ambiente de alto-astral entre os liderados. A partir desses vetores florescem o exemplo, o pertencimento, a felicidade e a defesa da organização, que pode desembocar em uma aliança sustentável e de interesses mútuos entre empresa e empregado.

Quando uma organização tem centenas ou milhares de empregados capacitados, engajados e felizes, vence qualquer desafio, supera qualquer dificuldade financeira ou técnica.

Quem pede uma prova disso deve observar o exemplo contido na empreitada conduzida por São Paulo. Quais eram as chances de uma religião que pregava a humildade e a servidão, em vez da valorização da prosperidade material, dar certo em meio a um mundo dominado pelo pensamento materialista romano? As chances eram muito pequenas, pois a conduta dominante via no jeito de ser dos cristãos uma ameaça ao seu modo de vida. Não à toa, muitos membros daquela religião foram perseguidos e trucidados nos primeiros anos, mas mesmo assim a organização cresceu e hoje é a maior religião do globo.

O método (liturgia) da Igreja ajudou, e muito, nesse crescimento, mas foi seu líder que fez e faz milhões seguirem o trabalho e os preceitos religiosos cristãos. Seja qual for o desafio, a figura de Jesus continua a inspirar, a motivar e a engajar os mais diversos perfis de liderados em um sentido único. Assim, mostra-se como a fé é gerada pela liderança, e a liderança é fé.

Referências

ARANDA, A. S. *Assertividade:* qualidade que traz benefícios à comunicação e relacionamentos dentro das organizações. Fatep, 2016. Disponível em: <www.fateppiracicaba.edu.br/regent/index.php/FATEP/article/download/7/5>. Acesso em: 9 set. 2017.

BRANDÃO, H. P.; GUIMARÃES, T. A. Gestão de competências e gestão de desempenho. In: WOOD JR, T. (Coord.). *Gestão empresarial:* o fator humano. São Paulo: Atlas, 2002.

CHIAVENATO, I. *Gestão de pessoas.* Rio de Janeiro: Elsevier, 2004.

CHIAVERINI, V. *Tecnologia mecânica* – processos de fabricação e tratamento. v. II. 2. ed. São Paulo: Makron Books, 1995.

DURAND, M. *Doença ocupacional.* São Paulo: Escuta, 2000.

FALCONI, Vicente. *O verdadeiro poder.* Nova Lima: INDG, 2009.

FLEURY, A.; FLEURY, M. T. L. *Estratégias empresariais e formação de competências.* 2. ed. São Paulo: Atlas, 2001.

FNQ – FUNDAÇÃO NACIONAL DA QUALIDADE. *Sistemas de gestão.* 2014. Disponível em: <http://www.fnq.org.br/informe-se/publicacoes/e-books>. Acesso em: 1 out. 2016.

LACOMBE, F. J. M. *Recursos humanos:* princípios e tendências. São Paulo: Saraiva, 2005.

LE BOTERF, G. *Desenvolvendo a competência dos profissionais.* 3. ed. Porto Alegre: Artmed, 2003.

GARVIN, D. A. Building a learning organization. *Harvard Business Review*, 71, n. 4 (July-August), 1993.

GILLEN, T. *Assertividade*. Coleção Você S.A. São Paulo: Nobel, 2001. 65 p.

HILSDORF, C. O que é assertividade? 2013. Disponível em: <http:// www.catho.com.br/carreira-sucesso/colunistas/o-que-e-assertividade>. Acesso em: 8 set. 2017.

INSEAD & ADECCO. *Índice de Competitividade Global de Talentos*. 2015. Disponível em: <http://blogadecco.com.br/2016/01/21/gtci2015/>. Acesso em: 1 ago. 2017.

MARTINS, P. G.; LAUGENI, P. F. *Administração da produção*. São Paulo: Saraiva, 2002.

MERCIER, Pascal. *Trem noturno para Lisboa*. Rio de Janeiro: Record, 2009.

MOWDAY, R. T.; PORTER, L. W.; STEERS, R. M. *Employee-organization linkages:* the psychology of commitment, absenteism and turnover. New York: Academic Press, 1982.

NASSAR, P. *Relações públicas na construção da responsabilidade histórica e no resgate da memória institucional das organizações*. São Caetano do Sul (SP): Difusão Editora, 2007.

RUAS, R. Desenvolvimento de competências gerenciais e contribuição da aprendizagem organizacional. In: FLEURY, M. T. L.; OLIVEIRA JR., M. M. *Gestão estratégica do conhecimento:* integrando aprendizagem, conhecimento e competências. São Paulo: Atlas, 2001.

SINEK, S. *Por quê? Como grandes líderes inspiram ação*. São Paulo: Editora Saraiva, 2015.

TALARICO, B. *Liderança eficaz:* como influenciar pessoas pelo exemplo e não pela imposição. 1. ed. São Paulo, 2014.